JN439472

행복 찍기

신민철 시집

계간문예

행복 찍기

| 시인의 말 |

틈틈이 담은 영상과 글이 아직도 내게로 와 맴돌기에
이를 간추려 작품집으로 묶었습니다.
이제까지 필요할 때 쓸려고 기쁨과 어려움마저도
저축했던 걸 상기하며 건강을 챙기며 조심스레 살렵니다.
연륜만큼이나 숙성되지 못한 글이지만 사랑으로
보아주시길 바라며, 아직도 황혼이 아닌 황금빛 여생을
다독이며 남의 행복이 나의 기쁨이듯 카메라로 담으며
보람 있는 삶이 되겠습니다.

부족한 글을 자상하게 살펴주시고 좋은 글을 주신
노유섭 시인님께 거듭 감사의 말씀을 드립니다.
출판하기까지 따사로운 배려와 여러 가지 노고,
격려를 아끼지 않으셨던 계간문예 정종명 이사장님과
차윤옥 편집주간님께 감사드립니다. 고맙습니다.

경주 불국사 영지호 아랫마을 우거에서
신민철(본명 신상철)

| 차례 |

제2부 논두렁길 따라

제3부 연모의 향기

제4부 봄을 나르는 매화고을

제5부 어머니의 소포

제1부

서울의 밤

거리의 포도송이

혼자서는 외로워
함께 달린
송이와 송이

뜨거운 햇살을 나누며
비바람에도 둥글게
크기를 했는데

어느 날
많은 이들 앞에 나와
나신을 뒤척인다

맑은 햇살은
매연을 묻어오고

말없는 이별에
차 소리만 거리를 흔들어

빌딩에 걸린
구름만 쳐다보는 하루가 된다

길갓집

햇살이
가 버리고 나면

누가
불러 놓았는지
그림자를 삼키는 어둠

밤이 깊도록
입김을 토하고 나면
떠나 버리는 정류장처럼
우린 다시
길가에 남는 것이 아닐까

꼬리에 꼬리를 무는
이야기들은
매연에 휩쓸려 가고

은빛
새벽만을 기다리는
길.갓.집

공원에 내리는 비

팔팔의 함성으로 눌러앉은
여러 나라의 조각 작품에
향수 같은 빗물이 흐르고

비가 지나고 나면
맞이할 푸른 빛도
낮과 밤을 함께할 순 없어

마음은 더욱 젖어오고
호수에는 파장의 숫자 늘어가고

고정된 카메라 앞에서
시간을 흘리며 서 있어도
한순간 이상을 포착할 수가 있을까

빗소린 다정함을 잊지 않아도
바람은 수시로 방향을 포착할 수 있을까
바람은 수시로 방향을 바꾸고

혼자 굽어 있는
올림픽 조형물에
수없이 빗금을 긋는다

내 사랑 서울이여

어느 곳을 둘러보아도 반가운 모습을 하고
언제까지 있어 보아도 정겨운 자리가 되었지요
오랜 날을 함께하며 우정을 다지기도 했으며
끝이 없는 한강에서 고운 그림자 띄우기를 거듭하고
저— 높은 남산의 의지 지키기로 했었지요

어느 곳에 발길 멈추어도 가까운 사이를 하고
언제까지 있고픈 마음 포근함이 되었지요
우린 오랜 날을 함께하며 사랑을 싹트게 했으며
끝이 없는 경복궁 고운 선 헤아리며 행복을 그렸던

저— 열린 남대문을 늘 느끼고픈 내 사랑 서울이여

도림천에 오는 사계절

관악산 높은 정기
담아 내리기라도 하듯
작은 돌멩이도 비껴서는 물굽이
봄의 호기심 어린 미소가 스며들고

여름 내내 거듭하는 불볕과
맞서기로 하는 그늘막이
도회 소음도 막아내며
온종일 펴는 산책길

하나 둘 숫자를 더하는 붉은 잎
하늘 한 자락 드리우면
지난 이야기 주워 담듯
체념 어린 가을 냇물

하얀 겨울 오기까진
여유롭지 못한 오리 모임
마치 역모하듯 들락거림마저
도림천 굽이굽이 모두를 실어 나른다

멀리서

구름처럼 떠돌다
빈 하늘만 남기고
무언가 가까워지는 소리

작은 생각마저
끝이 보이지 않아
더 높아지기를 주저 않고

빌딩가에
가을빛이 내린다 해도
알까 모를까

가로수는
아직도 먼지를 털지 못한 채

해를 지워 하루가 가고
달이 뜨니 한 달이 가는
소리 소리

물과 함께

내 높이 이상을 넘보지 않아
때로는 그 존재마저 잊혀가도
어디서나 그 존재마저 잊혀가도
어디서나 몸과 마음을 비벼가며
강과 바다로 향하고

제 분수 이상을 포장해도
더러는 알맹이마저 잃어가고
뒤집기를 즐기는 숫자에
마음 전부를 닫는 사람들

딱딱한 것들이
거부를 한다 해도
마음은 모든 것을 녹이고도
그들의 색깔에 묻히고

봄 아씨

숱한 나날을
굵직한 침묵을 머금고
기다린 지 이미 석 달하고 열흘
봄몰이하던 동장군 어느 날에 비껴설까
누더기로 남아있는 하얀 눈은 눈물만 찔끔이는데

화사한 차림으로 오시려나 봄 아씨
움츠렸던 가지 끝에 움 언저리가
삭풍 회초리에 아파할지라도
의연히 지킴하는 고목

여울목 돌다리 띄엄띄엄
뒷모습 남긴 채로 떠난 임의 모습
아직도 끝 간 데 없는데

정녕 사철마다 다른 색깔로 오시렵니까
산천이 옷을 갈아입는데도
내사 굵은 몽뚱이 하나로 기다릴래요

수도와 더위

땅은 외줄기 길을 따라
물은 수도꼭지에서도
크나큰 힘을 터뜨린다

햇볕도
뜨겁게 달아올라
아무렇게나 주저앉고

물의 존재가
오늘따라
한 모금의 냉기가
지난겨울의 강한 불기와
자리바꿈을 하고

뜨거움과
차가움이 교차하여도
우리는 다 함께
자연인이고 싶어진다

서울의 밤

자리다툼을 하는 한강변에
수를 놓는
연인들의 밀어

남산 꼭대기서
흘러내리는 바람
골목 샅샅이 떠돌기를 하고
소음으로 알록지는 불야성의 거리

빗소리로 지새우는
서울의 밤
광화문을 딛고 선 달조차
방향을 몰라라 하고

하늘공원 억새
하얀 손짓을 날리니
한 계절이 오고가는 듯
불꼬리로 이어진 강변로
어딘가 끝 모르게 향하고

누군가 기다리다 만
그림의 여백처럼
텅 빈 가슴 한 구석을
별빛 달빛으로
채우고 싶은
밤과 밤

아차산 기울기

아— 놓쳐 버린 이름의 그 산
아 차 산
임금의 실수로
점쟁이는 사라지고
후궁 열두 사람 중 한 사람
묘가 있는 곳

오랜 세월 풍파가 거셀지라도
뿌리부터 곧은 절개
가지 끝까지 올곧은 명품 소나무
묵묵히 서 있고

온달 장군을 잃은 평강공주 슬픔이
곳곳에 자리한 보루 틈틈이 덮은 잡초
한강의 한스러운 바람에 씻기우며
일어서기를 거듭하는 몸짓

강 유역을 차지하려는 삼국의 싸움
역사는 승자의 편이런가
낙차의 차가 크다 하여 낙타고개에
사다리를 타고 있는 산마을

정상석 대신 놓은 삼각정 위
더 이상 서 남 북으로 기를 모으는
등산인의 몸짓은
쉬이 멈추는 팽이가 되고

해맞이 고개로 변신한 산마루
굽이마다 펼쳐지는 역사의 현장도
하루해는 쉬이 기울기를 한다

테이블 연가

가까운 척하며 마주한 자리
테이블이 끼어들고
아직도 투명한 유리병에 붉게 타는 꽃
장미에 시선을 떼지 못한다

서로의 얼굴에서 뜨거움을 느낀 탓만은 아닌
누군가 시작하면 끝이 없을 뜨거운 말
다만 알게 모르게 다져 놓은 두어 마디 말
어떻게 마음과 마음으로 전하는 궁리일 뿐

멀어지려는 생각조차 잃어버릴
어두운 시간 흐른 후에
마주한 두 얼굴에서
사랑이란 글을 크게 쓸 차례만

지하도

언제나
바깥에서 머무는
태양

흐르는 불빛도
소각하지 못하는
어둠은
누구에게나 따라가고

저편 하늘 아래
반짝이는 섬광은
누구의 아픔인지

어느 날
침묵과 함께 눈이 흘러내릴 때
꽃향기가
스칠 것만 같아

햇볕을 가르는
차 소리에
밝고 밝은 내일까지
하늘 한 조각을 움켜쥐고 있다

해 지고 달 뜨니

해 질 녘 내려오는 산 그림자
누에처럼 들녘을 조금씩 갉아먹고
끝내는 어둠을 불러 놓고 가니
허망한 집념이랑 모두 내려놓으라 한다

총총히 수를 놓는 별들의 반짝임도
구름 한두 점에 무더기로 몰락하니
고요도 어느새 토닥거리기를 하고
밤은 이내 칠흑 속으로 빠져들건만

하루를 보내는 길목에 선 어느 한옥엔
불빛이 새어 나와 깜박등이 되고
오랜 날을 기다리기 한 듯
어둠 속에서도 대문은 늘 열린 채다

유달리 어려웠던 두 계절이 간즉
황금빛으로 물들이고 고개를 숙이는 벼
해가 지고 달이 뜨니 고유 명절도 다가선즉

이래저래 명절만큼 밝고 넉넉하리라

한낮의 서커스

며칠 사이
천막지를 둘러쓰고
나무끼리 떠밀며 서 있는 집

곡예사의 발끝에서
안쓰러운 순간이
출렁거리고

두 눈은
시간을 흘리며
즐기는 이들이 있다

멈춰 버린 햇살이
뜨겁게 전해와도
바쁜 곡예사의 몸놀림에
혼자만의 땀이어야 하는지

변사의 목소리는
진폭하여
오늘도 한나절이
오후로 돌아서는데

행복 찍기

거듭될수록 쌓이는 무 형체
어느 날엔 휑 떠날 것만 같건만
목마름으로 타는 날엔 꿈길로 기어이 찾아오니
비록 낙엽 지는 단풍인들 더욱 붉게 타고

붙들고 싶은 날들이 많은 듯
놓치고 싶지 않은 순간 또한 많기도 한데
모든 이들이 자꾸만 지향 없는 앞길만 내달으니
내 미력이나마 행복한 장면을 찍어 다듬어 드리고 싶다

휘장을 열면 드러나는 이른 아침의 동양화
해질녘 그려내는 서산 등고선에 점철되는 하루
TV 드라마가 한 가족의 밤을 들썩이게 하고
제 그림자를 밟고 끼웃거리고 있는 가로등

도회지에 그리다 만 삼색 깃발 빛바래진다 해도
아직도 자연이 넘실대고 삶의 향이 숨 쉬는 곳
손가락 꾹꾹 눌러 담으리라 행복이란 이름으로
오늘도 단비가 내리고 서설이 자리를 펴는 고을

한 해를 긋는 선이 낙서로 얼굴에 그려져도
한창 시절 불러내듯 카메라가 불을 밝히어
남의 기쁨 나의 기쁨이듯 켜켜이 입힌 사진
모든 이들에게 드리리라 행복이란 이름으로

현관문

기인 밤을 혼자 버티더니
새벽을 불러들였다
못다 지우고 간 어둠을
구석으로 몰아붙이고

갓 깨어난 아침을 두들기고 각 가족을
눈으로 하나하나 보내놓고
온종일 귀로 기다리는데
저 혼자만 네모난 배짱이다

하지만
작은 문을 크게 열고 오는 행복이 가득할 때까지
수많은 날을 밀고 당겨야 하는 너에게
오늘도 하루를 맡겨야 한다

제2부

논두렁길 따라

가을장마

하늘에 구름밭 일구고
서투른 솜씨로 씨를 뿌리듯이
뚝뚝 물방울을 세다가 쏟아버리는 심사

가을은 이미 황금빛 자리를 펴고
풍년가 부를 채비를 하고 있는데
난데없는 빗길에 젖은 손님 안 올까 봐

조바심만 길어지는 나날
키재기 끝낸 식물도 열매를 달고 머리 숙이는데
아무런 까닭도 없는 비바람만 거세어지누나

아직도 한 해 결실의 마무리 남아 있는데
시도 때도 모르는 장마 너 때문에
올 한 해 풍년 농사 소식마저 오락가락

하늘에다 거는 농심의 간절함을 아시는지

가을이 오는 까닭은

가을이 오는 까닭은
아무도 몰라
빗물에 흐린 창가에도
푸른 하늘이 다가와

가을이 오는 까닭은
아직도 몰라
빗물에 흐린 창가에도
푸른 하늘이 다가와

가을이 오는 까닭은
아직도 몰라
퇴색해 가는 가로수 잎이
서로를 흔들며
아쉬움과 흐르는데

가을이 있기에
떨어진 꽃잎에도 의미가 있고
가지마다 열매가 열려

덜어내기만 했던
빈 가슴에도
무엇인가는 꼭
담아야 했어

고향에서

그림을 그리다
곱기만 했던 시절
어느덧 반세기를 헤아리고

눈에 밟히는 으스러진 길
가끔은 꽃무늬 쏟아내며
멋쟁이 차가 스치던 기억의 길

완연한 봄을 물어다 주는 제비
메뚜기가 활개를 치던 황금들녘
어느새 우렁찬 기계들의 소리 소리

오수를 즐기듯 졸고 있는 초가
세월의 무게에 못 이겨 먼지와 고별한 지 오래
어쩌다 마주친 옛 동무
아득한 기억의 언저리 헤아려 보는 저편 세월

기쁨보다 슬픈 소문이 많아
잊혀진 계급장을 달아가며
행군을 하기도 하며

아직도 남은 여백
고운 그림 그리기 위해
추슬러 보는 고향

날밤

지다만 별 하나 윙크하고
못다 핀 꿈자락 뚝 잘라내며
씻은 듯 펼쳐내는 아침 한 마당
갓 옮겨온 포기마다 은빛 방울 달고 있다

진종일 앞만 보고 달리다 해를 넘기고
어두움에 남겨 놓은 못다 거둔 일
새로운 듯 펼쳐내는 밤 세계 더러는 꿈길이 되며

꽃이 피고 잎이 되기까지 담금질하던
볕과 빗물이 봄과 여름을 가누고
열기로 냉기로 계절 감각을 다르게 하던
단풍과 눈물이 가을 겨울을 가누고

이제는 머물고 싶은 춘삼월
벙그는 들꽃마다 날리는 새빛 향기
밤이나 낮이나 늘 오늘이 되어
끝도 모르는 느낌으로 살고파라.

귀촌에서

한 해를 훌쩍 건너다
남은 거란 껍데기에 싸인 채
아쉬움으로 꼭꼭 채운 추억 한 톨

바람이 날라다 준 먼지가
쌓이듯 고요와 함께
오래 오래 기다림이 있는 곳
마치 거울을 닦아내듯 모두를 지워낸다
무성한 잡초는 바람결에 흘린 소문들을
마구 흔들어 대며 털기를 거듭하고

씨를 뿌려 거두며 한 해를 갈무리 하던
부모님 손길은 어느새 뒤안길이 된 채
기억으로 남는 그날의 양식들

가을 까마귀 무리 동네들 넘나들어
이미 한 해가 기운 듯 텅 빈 들녘
이제 삼 계절을 잘라먹고 남은 동면

오래 오래 간직도 못하면서
내 품안인 듯 모두를 쓸어안고
한 해를 마무리하는 귀착지에 오른다

눈

뭉게구름 날개를 펴고 지상을 가리던 밤
암흑천지 어둠 속에 만물은 잠 자는데
사뭇 사뭇 나는 소리
누가 오시려나 짐작인데

창공의 어둠을 뚫고
누가 오시나 봐요
희다 하기엔 안타까운 능금 꽃잎처럼
슬픈 듯 기쁜 듯 못 견디어 내려오시나요

만물은 고요히 미소 지으며
순결한 흰옷을 사뿟이 짓나 봐요
오늘 밤도 어둠 속 흰 옷 짓기에 여념이 없더라
밤은 이미 깊어져 가는데

나들이길

고갯길 굽이굽이 더듬이로 오는 실바람
동네 어귀마다 못다 거둔 잔설에 머물고
봄은 아직도 멀기만 한데
겨우내 갇힌 마을 범나비가 된다

고샅길 군데군데 그 세월의 옛집 흔적
기억 끝에 머문 동무 부르고 불러도 대답 대신
고운 추억 앞서거니 나비등 타고
오랜 귀향 꿈 펼치는 오늘이 되고

그때 그 밀어 고무락거리며 쏟아붓는 해안가
어느새 휘날리기 하는 지천으로 핀 봄꽃
오곡을 고르며 한 해를 더듬어 보는 노파
밀리고 밀려난 상춘객의 일원이 된다

고래등 같은 유람차 뱃속 신 유행가 넘치어
어깨와 어깨들이 일렁인즉 죽마고우가 되고
우린 이래저래 한통속이 되고 산등도 넘으니
무지막한 세월도 막을 법하련마는

호수에 백조가 되어 언제 어디서나
지워지는 무늬 그려야만 할까…

논두렁길 따라

가다 보면 시선이 뚝뚝 떨어져 머물게 하는 길
동면에서 막 깨어난 미생물들의 어수선한 동작
가녀린 손을 내미는 새싹과 더불어
어느 뒤안길에서 온 바람이 살랑대기를 하고

쏟아 놓은 깨처럼 자리를 확보한 개미
노란 미소를 날리고 있는 민들레
어느 결에 봄은 이미 와 있건만
인적조차 없는 들녘에는
바람소리 융융하다

격양가 들려오던 고을 으스름 지고
별빛도 떨게 하는 가로등 사이로
미끄러지듯 오가는 승차 안은 모두 낯설기

이슬비 부슬대는 날은 구슬을 다는 거미줄
어느 빈 농가의 정적은 깊어만 가고
아직도 구부러진 허리를 못 펴는 논두렁길
이름 모를 야생화 계절을 따라 색깔을 달리하고
잡초들과 날이면 날마다 어울림을 하고 있다

들녘에 서면

밤이 이슥하도록 덧칠을 한
어둠은 이미 사라진 채
누군가 살라 먹다 남긴 솜털 안개

작은 생명체들로부터 시작되는
바쁜 몸놀림에 쉬이 열리는 아침
농로를 흔드는 트랙터 우렁찬 소리 여백을 남기고

머릿결 날리던 풀잎마저 자세를 가다듬으면
파란 하늘이 총총히 내려오기도 하여
활기찬 나래짓으로 열리는 오늘 하루

더도 덜도 넘침이 없는 푸름 때문에
오래 오래 지켜 서는 내가 된다

둥지를 옮기며

겹겹이 입은 차림새에
향수병을 든 채
무디어진 감각을 일으키며
내달리는 귀 향 길

낯설게만 다가서는 산천
가물가물 어느 해 추억인가
일직선으로 뻗어 있기만 하고
속도만큼이나 스치는 잔상들

정녕코
부모님 손길이 묻어난 옛집
열에 열 눈길마다 불 밝히는
어릴 적 감각들
이제 꿈인 듯 잡히지 않고
전깃줄에 그네타기를 하는 까마귀들

가지마다 꽃등을 달았던
정자나무 등걸 잡초와 어우러져
순례하는 철모르는 나비들

한 겹 두 겹 유행 지난 옷을 벗듯
생각에서 생각을 벗어내고

얼마나 남아 있을지 모를
타관에서 쓰고 남은 충전등 들고
자나 깨나 조심스레
오늘과 내일을
순회한다

모내기

누구의
몫만큼이나
물은 채워지고
오월의 하늘이 내려와 앉는다

젊음의 꿈조차
키우지 못했던 저 들녘
경운기 소음만이 하늘과 땅을 가르고
어느새 뚜벅뚜벅 흰 점을 찍고 있는 백로

거리도 없이
다가설 줄 아는 티브이와 폰
때로는 기인 여운을 두고
전등불은 더욱 밝아져
별빛도 못 내려오는 밤은 깊어지고

이른 아침
모내기 행렬은 찾을 수도 없이
수레바퀴는 기계 소리와 함께
푸른 생명을 차례로 심는다

따사로운 겨울에

비는 습도를 흩트리며
영하의 예보를 녹이고
그 누구의 실수도 아닌 것처럼
방향을 잃은 겨울

춥다던 그해
어버이들이 건네준 마음과 입김이
진열장 밖에서 머물고
스스로 떠나지를 못하는
이 시대의 전열기들

옷이 두터워지기보다는
멋이 옷을 벗기는 거리에
출렁이는 멋보다는
그리워지는 누군가의 체온

새벽마다
어둠을 뚫는 이웃의 발자국 소리에
겨울은 깊어가는데
아직 감각을 흩트리고 있는
비아 빗소리
영하의 예보를 녹이고 있다

불 밝히는 경주에서

오랜 역사의 불을 켜고 연연히 자취가 빛나는 곳
불국사 종소리 미치는 원자력 발전소
온 누리를 밝혀 주는 근원지가 되며
천년의 별마저 동궁 월지 불빛이 되고

하루를 기울기 하다가 보문호에 잠겨 버린 명활산성
만추에 억새도 멈춰 버린 춤이 되고
낯설어 하면서도 돌기를 거듭하는 대형 물레방아

우국지심 깊은 마음 수장으로 동해 바다
물결을 벗하는 대왕암
부왕 은혜 보답으로 세운 감은사
고탑 위로 쪽빛 하늘 씨 뿌려 거두는 구름밭이 되기도 하며

양동마을 집성촌에 손,이씨 이웃하여
오순도순 유교문화 향촌으로 이어져
우리의 전통 문화는 살아 숨 쉬고
형상강 줄기 따라 나는 철새들에 깃 따라
춤을 추는 시월의 하늘

고도 한길마다 불그레 반기는 배롱꽃
어디서나 피어나는 꽃이 되고
신라 천년 손길이 빛나는 곳
서로 잡은 손 높이 들고
온 겨레 마음속에 불빛이 되리라

수목길

하나 둘
피고 지는 골짜기를 지나
높낮이를 잊은 길
수목화에 묻혀 버린 채

관악의 이름으로
모인 글밭들이
고요의 뜨락에 수를 놓아
가슴마다 지피는 문향

가을이 가고 봄이 오기까지
고른 숨을 쉬고 있는
싹들처럼
내 모습을 드러낼

그날까지는
언제나
돌아뵈는 수 목 길

컨테이너와

사각사각 육면으로 부딪치는 소리와 소리
수난을 당하는 고요가 가끔은 무너지고
감각으로 듣는 철통 속 별난 세계

남으로 창을 내면 앞산 그리매가
무례하게 안을 살피다가 홀연히 가고
북으로 창을 내면 들판 도화지가
그림판이 되어 시도 때도 없이 온즉

하루에도 몇 번씩 모난 세상이 달라지는 곳
언제 어디서고 회색 햇빛으로 분단장을 하고
스치는 바람에도 고운 사연 읽어내기를 하며
밤마다 별들마저 깜박이로 장단을 맞추는 곳

이제 세상만큼이나 달라지고픈 마음과 함께
책장으로 도배를 하고 커튼이 춤추는 창을 내
야생화 한 묶음으로 향내와 함께하는 책을 펴고
꿈을 키우고파 이미 녹이 스미는 철통일지라도

씨앗을 뿌리며

작년 이맘때처럼 씨앗을 뿌린다
봉긋봉긋 흙을 밀치고 세상에 눈을 뜨는
새싹들의 앙증스런 자태를 그리며
고운 흙으로 덮어 준다

같은 강물에 발을 담글 수 없듯이
이미 가 버린 날짜 지킬 수는 없을지라도
매년 어김없이 눈을 뜨는 씨앗들의 때맞춤

해질녘 유난스레 타는 노을 거두어 가면
왠지 휑한 가슴이 되어지고
하루를 지우란 듯이 스멀스멀 다가서는 어둠
이제 부모님이 그랬듯이 귀가를 서두르는 시간

달랑거리는 전등이 불 밝히면
이내 사라지는 낯익은 그림자와 그림자들
씨앗들도 그렇게 지난 일을 잠재우며
숱한 밤을 보낼 수 있을까

때늦은 봄이 하얀 서리로 변장한 아침
오늘도 태양이 따사로운 이웃으로 와 있고
때로는 속삭이듯 하다가 스치는 바람

몇 사흘을 보내고서야 겨우 움트는 씨앗
이제 지상으로 얼굴 내밀 일만 남았건만
오늘도 어디에 계시온지 그리운 임이시여

제3부

연모의 향기

개나리꽃 담장

가끔은
행상들의 외침이 뛰어넘어도
누구의 집엔가는 갇혀 버리고
높이와 크기를 모르는
바람에만 그 향기를 나누고

소유와 감성을
사이에다 두고도 담은 더욱 높아지고
넉넉한 햇빛만으로
서로를 분칠해야 하는 우린
정녕 계절을 안다고 해야 할지

어느 때보다
무성한 소문들이
장식될 수만 있다면
온 누리를
사랑으로 덮을 수도 있겠지만

여기
구석진 방
소주병에 꽂힌 개나리꽃

경주에서

구름은
어제와 오늘을
나른다 해도

물길마다
들길마다
돌아서지 못하는 날들

기와 한 장에도
숨결을 바르며

천년을
더 살라 한다

그대 들녘에 누군가
황금색을
뿌려 놓으면

풍요의 소리가
들리기라도 하는데

우리는 또
지나가는 날이
아니라고 할 수 있을는지

공항 가는 길

빗물에도 지울 수 없는
침묵표의 차선은
한쪽 방향만을 가리키고

낯설어하는 얼굴들도
우리와 융해되기까지의
그 시간이 너무 짧아

아쉬움이 길어진
그 길엔
한 치의 양보도 없는
차들마저 멀어지려 하는가

말 없는 표는
아직도 끝이 없는데

반가움에
아쉬움에
밤낮을 가리지 않는
차들의
소리와 소리

낮과 밤은

낮과 밤은
빛과 그림자를
날리기만 하고

유리벽에 갇힌 채로
전화통을 울리는 소리로
낙서와 같이
흐트러진 선에서도
너와 나의 마음이 흐르고

철없이 오는 눈도
메마른 가지에 꽃을 피워
착각 속에 오는 봄

만남이 이별뿐인
궁합에 우는 두 연인은
지난 인습에 시달려야만 하는지

저 멀리
인공위성이 달나라에 도착함이
사실로 받아들여지는데

눈 내리는 그 바닷가

한 계절을 뜨겁게
달구었던 백사장엔
누군가의 미련처럼
물결로 일렁이는데

나풀거리는 몸짓의 눈
하얀 바탕이 되어가고
함께했던 수많은 밀어
한 편의 그림 그리기로

삼 계절이 지나고 나면
다시 올 그 철이지만
다시 올 그 시절만은
잃어버린 길이 되어가

갈매기 날갯짓에 흩날리는
그때 즐거웠던 영상만을
애써 모으며 따르기 하다
하얀 눈발에 깊은 발자국
남기기 거듭하는 그 바닷가

등 뜨는 거제

조선의 고장
크나큰 뱃집을 짓는 해변
건설의 현장이 되고
얼비치는 섬에 고운 풍경

십칠만 포로
고향 만남 육친의 품안 저버린
계룡산 허리에 달은
누구를 비춰 주기 위함인가
고고히 고개를 드는 한 서린 흔적

충무공 첫 승전 옥포대첩
청마 깃발 나붓거리던 곳이건만
인근 수중에서 젊은 넋 앗아간 채
남해의 밤은 작은 물결에도
쓰린 마음 헤아리고

형형색색으로 물들인 한지 등
구만 리 장천으로 떠올라
지남과 오늘 만남의 장이 되는
거제도의 밤은 작은 등들의 끝없는 몸짓

돌고 돌아 부여길

이십 리 물길 낸 궁남지
꽃들의 수군거림에
바람마저 머뭇거리고
하늘을 향한 비상 끝에
저마다 날갯짓을 하는 연잎

낙화암을 품고 있는 부소산
삼천궁녀들 원혼이 되어
휘감기 하는 백마강
한옥 차림 유람선은
미끄럼타기만을 하고

고란사 추녀 끝에
대롱거리는 백제의 수난사
사비궁에 서동왕자
선화공주 사모의 정을 쌓은 듯
38미터 능사의 5층 목탑

부스러진 옛 조각들
못다 이룬 그때 흔적 그려지고
돌고 돌아 다시 찾은

백제의 고도에
수많은 향락객으로
수를 놓는 부소산성 안에
언제나 돌아뵐 것 같은
다투어 피어나는 연꽃들의
미소 머금은 반란

백제땅을 찾아

신라의 북소리에
백제의 말발굽 소리
묻혀진 곳

연꽃부리에
쏟아지는 빗발로 흔들리는
호동왕자와 선화공주
로맨스가 서린 왕궁

추녀 끝에 매달린 꿈이
허망할지라도 변함없는 백마강
삼천궁녀의 원혼이듯
물결이 드세지고

백제의 옛 도읍지에서
빗소리에 씻기우는
계백장군의 동상

끝이 가물거리는 황산벌
푸름의 꿈은 짙어가는데

석모도 새해 일출

구름밭에 돋아나는
새해의 붉게 타는 얼굴
여명을 따라
굽실거리는 바닷물
청룡의 기상이
기지개를 켠다

유별난 서해 석모도의 해맞이
버스가 배를 타고
거센 파고를 헤친다

농악의 장단에
한 해의 꿈이 울려퍼지면
나래를 펴는 소망

한 해를 떨어 버린
빈 가지에 돋아나는
꿈을 키워 줄
장대한 청룡의 기상이여

보안등

어둠을
밀어내며
밤이 지새도록
가슴에 불을 켠다

어느 날은
골목이
찬바람의
통로로 변해만 가

꽃이
피고 지는 의미마저
잊어야 한다

하루분씩 분양되는
햇살

오늘은
기쁜 소식
내일의 무서운 예측을
낳는 골목

아직도
못 떠나는
새벽별 하나 붙들고

불꽃이 된다

솔향 강릉에서

솔향기 젖어들어 솔향기 젖어들어
옛 자취가 돋아나는 동해안
먹 향기 그윽함에 드러나는 선비들의 흔적

겨레의 어머니 민족의 스승이 태어난
오죽헌의 뜰에 수를 놓는 초충도
가마귀 빛 대나무 날갯짓마저
세찬 바람에도 고고함을 지키며
문성사文成祠 의미는 되살아나고

해와 달이 있는 당신의 고향
옛이야기가 있는 선교장엔
십 대 삼백 년을 누린 사대부 가계도가
팔천여 점 유물에 고스란히 드러나
계승과 나눔 창조란 의미가 새겨지고

금오신화 최초 한문 소설의 사랑 이야기
속삭임으로 김시습 입담이 되고
하늘의 달 바다의 달 호수의 달
술잔의 달 임의 눈동자 속에 달
다섯 달님과 만나지는 경포대

하루해는 온데간데없고
솔향기 먹 향기만이
어제 일인 듯
기억거리로 풍기려 한다

어느 향우회

순서를 기다리는
차량의 불빛 속에서도
타는 시간

이 해가 가기 전에
꼭 만나야 할 사람들은
언제부터인가 두꺼워진
이야기 수첩을 나눈다

지나간 일들이
풀잎이라 해도
새롭게 매달리는 이슬
테이블마다 쌓이는
풋과일 같은 사연들에
세상은 더욱 좁아지고

오늘은
노래로 함께 불러 모으는
고향과 고향

철없이

시도 때도 없이 나풀거리는 눈발
서산을 넘지 못하고
밑도 끝도 없이 움트는 그리움은
가지 끝 봉우리 되었네
겨우내 웅크린 마음 그대를 향함인가
따스한 봄바람 따라서 눈 고개를 넘네

강도 산도 아닌 끝이 없는 들녘
그대를 잊지 못하고
가도 오도 않는 메아리 되며
하늘 끝 구름만 흐르네
겨우내 웅크린 마음 그대를 향함인가
철없이 산골짝에 눈 녹인 눈물만 흐르네

연모의 향기

간밤에 남은 어둠 털고 조심스레 스멀대는 물결
하루치 시간을 씻김으로 보내는 돌멩이
검은 빛으로 반짝이고

누구를 향한 위함인지
어느 여인의 타박 타박으로 이어지는 발걸음
끝 모르는 길은 휘어져 있고
멀리 하얀 목도리 재긴 한라산
무언의 대화를 나누고자 하네

푸름에 묻힌 채로 남국의 향을 빚어내는 감귤의 달랑거림에
하루방은 멋진 지킴이가 되고
산자락에 한가로이 노니는 말들의 풍경에
더디게만 가는 제주도의 하루

물속 깊숙이 내려간 잠수함 따라
고기들의 바쁜 몸놀림에 춤을 추는 해초
해저 관광을 함께하고픈 임 곁에 있어도
맘은 따로 유영하고

해 뜨는 성산 일출봉 노을이 비치는 모습 뒤로하고
바다를 건너야 하는 제주공항의 밤은
유독 깊어져 있다

인천항을 둘러보며

조선의 문호를 열어
근대 문명이 발을 내디디던 곳
역사책을 펼치기라도 하듯
이미 멈춤과 흐름과의 고갯길

세 개의 패루牌樓 중화가 인화문 선린문이
턱을 고이고 있는 차이나타운에
익히 아는 체하는 낯선 풍물들
인파로 떠밀리어
세파에 발돋움을 하기도 하며

자유공원 맥아더 상은
북향으로 시선을 고정한 채
오랜 침묵이 덮개로 쌓여 있고
끝 모를 하늘을 향한
한미 수교 백년 기념탑

이백사십만 평방미터 상전벽해의 땅
아파트마저 물결 모양새로

기억 속에 머물게 하는 송도해수욕장
내부 기둥이 없는 트라이블 세 개의 사발은
날로 새로움을 켜는 기상이 되고

바다에 닿을 듯 말듯한
하늘 도시로 향한 오십여 리 인천대교
삼 분마다 비행기 띄워
날짐승이 제집 드나들 듯 하며
유명세를 타고 있는 인천공항

열두 다리 수향팔경이 있는 아라뱃길에서
해 질 녘 고운 풍경을 가득 싣고
어디론가 멀리 떠나고픈 배가 된다

칠월의 빗소리

하늘을 가르는
빗발치는 소리 소리

지워 버릴 수도 없어
젖기만 하는 거리
수많은 우산들이 난무하고

칠월의 염천은
자취를 감춘 채
밀려왔다 떠밀려 가는 구름 떼

하루에도 몇 번씩
우리 모두를 두들기는 소리에
칠월도 훌쩍 떠날 것 같은
날이 된다

제4부

봄을 나르는 매화고을

가로수

푸른 또래를 남겨 두고
어느 날 큰길에 나와 발을 묻었다

찌들린 소리들로 시달려
삶의 아픔을 배워야 했고
무심히 버리고 간 찌꺼기 냄새도 마다 않고
참는 힘 하나로 키만 키워야 했다

태양과
가로등
번갈아 그림자를 그려 놓긴 하였어도
나는 언제나 상처 난 그림자이어야 했다
난 아무래도 별난 세상에 와 있나 보다

세상에는 주어진 이름 때문에
자리를 떠나지 못하는 이가 적지 않으리라
이왕 만들어진 내 자리라면 지내고 볼 일이다
다만
아픈 추억만으로 굳게 살리라는
마음을 되풀이하면서

교차로에서

밤새운 가로등 마침내 눈 감아도
끝내 초침에 반응하는 신호등
우린 바쁜 걸음 함께 멈춤에
잠깐 동행자가 되려 하고

내 그림자는 짧아지고 온 한낮
가끔은 사방을 둘러보는 방랑자
다시 더딘 방향 감각 되새기고

별들이 빌딩 끝에 바둥거림도
불빛 난무에 묻히어 가고
하루의 피로도 잠시 거둔 채
빨강 파랑에 눈길을 모은다

그 시절을 묻어 놓고

밤낮 거닐던 고갯길에 해는 뉘엿뉘엿
송홧가루 날리던 골짝 추억조차 꽁꽁 얼어
어느 날에 눈 뜰까 버들강아지 볼멘소리를 하고

오마던 그때 그 사람 어느 결에 꿈속인가
희미한 시야에서 맴도는 동안의 모습인데
나만이 보태는 나이 이자도 없이 쌓이고

굽이굽이 돌아 맞닿은 호수에 드리운 하늘 한 자락
더러는 약한 바람에도 그려지는 세월의 얼룩
내 그리운 사람 옆에 있는 듯이 불러보는 옛 노래

목청 따라 되살아나는 가락
그때 끈으로 묶어두어도
변절하는 철마저 오고 가는데 잡지도 못하는 추억

그 시절을 묻어 놓고
어느 날에나 마음껏 캐고 싶어라

낙엽이 머물 자리

찬바람이 가을볕을 식히던 날
가랑잎 하나 땅에 내려와 본다

바람은 등을 밀고
땅은 오래 머물지 말라 한다
언제나 푸른 하늘이었을 우물 속에
꿈을 퍼 올리는 두레박이 드리워지고
간밤의 어둠이 침묵임을 알게 한다

낙엽이 머물 자리에
곧 새싹이 돋아날지라도
먼 데서 걸어온 나의 과거는
머문 곳 이상 떠나지를 못한다

밤과 낮 그리고 서울

못다 한 일들을 붉게 태우며
한 해는 마지막 기울기를 한다
삼백예순날을 끄고 켜는 점멸등 같은 일상사
온 장안 누리를 장식하며
한줄기 능선을 타고
하늘을 이고 있는 남산타워

고관대작님들이 드나들던 대한문
초병의식과 함께 옛날을 그리는 오늘
천만 시민 가족을 한 시 청사마저
한길 건너 넌지시 보는 듯

고층아파트가 거꾸로 매달리기를 하는 수면
불꽃축제로 알록달록
청계천마저 등불을 드는 수호자가 되고
온통 밤의 잔치가 되어가는 서울

독립을 외치던 탑골공원
아로새긴 선각자들의 외침이
석면에 재현되는 밤과 낮

보름밤은 너처럼

그때처럼
머무는 밤에
꿈처럼
떠오르는 달빛

커가는
오늘이기보다
작아지는
내일이어야 하지

이웃집
담벼락에
덧칠하는 정서

촉수를 높인
불빛에 익숙한 우리
달빛이
흘러내림을 알까

그때처럼
머무는 밤에
너처럼
내가 너를 너를 보는 밤에

봄볕 속 들꽃 사랑이

청풍 황산벌에서 부는 바람
계백장군 충절호국 얼인가
푸르고 푸른 탐정호 수면에
머물기조차 주저하는
석 삼월에 꽃구름

은진미륵 미간에 태어난 광채
관측 이름으로 온 누리 밝혀
백제 건국이념을 새기었건만
명재고택 기둥에 나이테로
수많은 굴곡진 흔적이 되고

불영사 계곡 따라 은은히 내려오는
종소리에 쌍계사 꽃살 문양 실려
그 옛적 영화 살아나기라도 하련만
온 들녘을 지키고 있는 고목 곁에서
침묵에 침묵을 더하는 항아리의 모임

기인 동면 끝에 기지개를 펴는
억새길 물줄기 따라
물레방아 돌 채비를 한다

산길 물길 따라

산들바람 산등성이 넘나들 듯
무탈하게 그렇게 살기나 해 봤으면
잣나무 키재기로 부서지는 하늘

밤낮 그리는 햇살마저
늘 빛가루로 만족했던 난
산길 옆에 주저앉은 나무

물새들이 강줄기를 넘나들 듯
온종일 그렇게 나래를 펴 보았으면
야생초 몸부림에 흔들리는 강변

늘 흐르는 물살마저
내내 스치기로 만족했던 난
물길 옆에 하늘대는 풀꽃

높낮이 겨루기를 하는 산길 따라
낮은 곳만 고집하며 흐르는 물길 따라
함께하다 남는 것이란 드라마 같은 거

그렇게 세월이 간 뒤에

봄을 나르는 매화마을

갈피를 못 잡은 듯
삼 계절을 넘나드는 나날
작은 가지에 눈을 달고
깜박이기를 여러 번

세파를 일탈하여
기인 꼬리 달아가며
인생의 뒤안길 같은
열두 고갯길을 넘는 여행길

연분홍 고운 꽃 눈길이
삼월의 햇살로 나플거리다
어디선가 찾아온 작은 바람이
한바탕 스치기라도 하면
꽃비로 흩날리기라도 하련만

내 작은 가슴에 쌓이는 추억 한 켜
언제라도 공허한 가슴일 땐
꽃침으로 치유할 수 있으리

이름도 모를 옛 연인을
두고 오기나 한 듯
봄을 나르는 매화고을에
매화 한 송이 된다

씨앗이 열매를 그리며

가지들이 저마다 열매를 달고
지난 백일을 알알이 거두고 있다
땅 거죽을 힘겹게 들고 일어난 즉
세상은 호들갑지가 않는 걸
깨달은 지가 어제였는데

어느 결에 한 계절을 잘라 먹고
푸름으로 대롱이다 몸집을 늘리고
수확의 날을 기다려야 했다

작은 파문으로 번지는 그 시절
어두운 기인 밤 가로등이 되어
언제나 꿈속 같은 호수길

잎이었다 꽃이었다
열매로 그려지기까지
많은 날을 불러야 했던
그 사람은 어디

언제 어디서나

가슴
나만의 뜨거운 것일 뿐
바람은 스쳐도
떠도는 구름만 가게 하고

이제
네모난 테두리를 벗어난 나는
두 눈으로 푸른 하늘만 담는다

어두운 날들이
밝은 날을 불러놓고
가기로 한 바람이
긴 파문만 남겨

온갖 힘을 쓰는
나는
오늘도
내일에 가 있어

어느 하늘 아래서

무지개 빛깔을 터뜨리는
거리
쇼윈도에 비치는
그림자 한 사람
세파에 밀려가고

세상사를 분출하고
경적과 함께하는
소요의 밤거리

모래밭에
조개 한 조각처럼
묻혀가는 내 작은
목소리

피로와 함께 누워 있으면
몸은 심연에 빠질지라도
속눈썹 끝에 매달리는
고향

한 겹 두 겹
벗겨내는 속살에
얼비치는 그 시절
마냥 그날이고 싶어진다

올해도 우리는

잊을 뻔한 모습들이
그믐밤을 밝히고
서른세 번의 종소리가
길게 혹은 짧게 모두를 찾더니
기어이 숫자 하나를 찾더니
기어이 큰 숫자를 하나
생산해 놓았다

서로를 붙들었던
그 계곡은 깊어도
시간은 먼 산을 바라보게 하고
그 거리만큼이나
우리를 부르기만 해

하늘의 별들도
이야기 속에 머물며
세월보다 앞서가는 꿈은
언제나 물음표 앞에 머물러
올해도 그 답을 찾는 한 해로

잎 푸른 날

가지마다 생각을 달고 바람 따라 손짓을 하네요
겨우내 함께했던 침묵도 어느 날에 떠나 버리고
잎들의 속삭임에 되돌려놓은 그때의 그날이여

산 그림자를 거두어도 못다 지킨 미련 때문에
푸름에 젖어 보고 싶은 추억만 불러놓고 가
세세연연 추억을 업고 보란 듯이 기웃거리네요

언제나 가깝던 사이도 어느새 멀어만 가고
야생화 손짓으로 불러다놓은 그때 그 향기여

조각달마저 제 그림자 못 지우고 새는 날에
걷고픈 그 길 위로 사철만 연거푸 수를 놓고 가네요

저물기 전에

강물은 저 혼자 흘러가고
그때 그날 떨어뜨린 말들이
언덕에 풀잎으로 남아
날마다 새로웁게 이슬로 씻기웁니다

바람은 새로웁게 늘 불어와도
그때 그날 스치는 모순이어야 하고
머언 하늘 구름으로 남아
수없이 뚜렷했다가는 흐려지는 그림입니다

만나는 사람마다
쉽게만 담을 수 없는 도시의 가슴은

그날의 별빛을 불러 봅니다
불빛이 오기도 전에

제5부

어머니의 소포

구월의 비

하늘을 가르는 빗발치는 소리와 소리
털어내지도 못한 채 젖기만 하는 거리
다양한 색상의 우산들만 넘실거리고

뜨겁던 여름의 태양마저 언저리에 남아
모진 바람이 불지라도 못 떠나는 불안
가끔은 무리 지은 구름조차 물동이를 쏟아
몸도 마음도 젖어가는 계절의 끝자락

가을은 어디선가 침묵의 금을 그려 놓은 채
나서기를 주저하는지 묘연하기만 하고
철새들의 바쁜 날갯짓에 저문 하루
어느 날에 평온으로 회귀할거나

코로나로 일상은 묶이고
구월의 잦은 빗소리에
불안이 씻기기를
비는 간절한 맘

따뜻한 기억

누구를 보내었는지
하늘에 낙서를 하는 빈 가지
구름으로 가는 길
하행선으로 그리는 어깨

씨를 뿌려
거둬들이기란
곡예사의 손처럼
안쓰러운 날이 길어지고

시간과 마음을
투자했어도
자외선을 받는 만큼이나
길어져 가는 그늘

고향은
가슴을 마음껏 열어 보리라
언제나
따뜻한 기억 속에서

가을빛 물들이기까지는

아직은 때가 아닌가 봐

토닥거리는 여름밤의 별빛조차
이내 자리를 비워가는 무성의 나날
안으로만 키워 놓은 덩이

짙푸름에 눌려 본색을 감추고 있을 뿐
작은 바람에도 하늘조차 흔들려
조바심만 더욱 커지기만 하고
초유의 찜통 시련을 맞아야 했다

어느새 실개천 언덕바지에
하늘대는 코스모스 길은 더욱 구부러져 있고
그때 그 손짓은 그려지는데
이미 스치어 버린 봄 나절의 바람

해 질 녘 뒤안길에 노을빛 감나무
주렁주렁 추억의 감인 듯한데
그 꽃을 함께 줍던 내 동무는 어디에

짓궂은 하늬바람에 무수히 떨어지는 잎사귀
아직은 황금빛 열매이길 멀기도 한데…

밀짚모자

둥근 그늘 아래서 미소를 찾아라
따거운 햇살도 기를 꺾을 테니

어느 추운 나라에서 온 것도 아닌데
그대 앞에 선 굳어진 말조차
아내 녹여 버리고 싶어라

지난여름 못다 거둬들인 미련
고스란히 남아 있어
비비 꼬인 몸이 되어
그대 머리 위에 올라앉았다

사랑의 괴로움도 저버릴 수 없다면
오로지 시원스런 그늘이고 싶어
미워할 수 없는 그대에게
나의 이름 하나로
베풀고 싶어라

봄이 불러다 놓은 여름

실바람 영을 넘어 흐트러지고
하늘에다 무작위 낙서를 해대는 잔가지
마을 어귀 민들레마저 노란 웃음 날리고 있는데
진정 봄은 냉온탕으로 끝날 줄 모르고 갈팡질팡

이렇게도 정착하기 힘든 계절만큼이나
늘 수월치 않는 환경의 변화 또박또박 걸어오고

짙푸름이 널린 산야에 어느새 스미는 폭염
뭇 생명체가 지난날에도 그랬듯이 물방울을 기리는데
솜털구름은 하늘을 마구 닦아 놓은 채 내달리고
정녕 여름은 변화를 주저하며 떠나기가 영영이니

쟁쟁한 시절 다 거르고 시원스러움을 그린 채
늘 그랬듯이 오늘을 애써 가꾸며 즐길 일만

부채

내게로만 오는 바람
어머니의 손은
쉴 줄 모르고
하늘에 구름마저
꼼짝 않는 날이어도

뜨거운 정성은
내게 시원한 잠을 주고

해마다 반갑지 않은
예쁜 이름 붙여 왔다가는
내 이웃을 흔들어 놓은 바람
빌딩 내 생겨난 찬바람이
굽은 골목길을 비집고 오는
내게 작은 바람만이나 할까

언제 어디서나
다가오는 내 작은 바람이여

생일

기다림은
별빛과 더불어 밤을 새우고
아침을 부르는 닭의 울음소리

수많은 시선이 닿아
반짝이는 깃털
한 번만이라도 날 수 있는 날은
그 언제

마냥 그려 보는
하늘의 빛깔도
가슴을 채울 수가 없어
거듭 태어나는 언어들

때로는
누구 집 꽃나무에 매달리고
때로는
누구 집 창가에 이슬이 되어

스치는 바람 때문에
거듭 태어나기도 한다

아침에

불빛을 쓸어내고
불투명한 아스팔트 표피를
열심히 닦아내는 차 바퀴들

개나리는
어느 집 담벼락에서 웃고
동장군을 물리치고
오는 봄

계절이
하루아침에 열기를 바꾸듯
우리의 아침은
무엇이든 바꿀 수 있어
예측을 불허하는 날 되기도 하고

교차로
신호등에도
무수히 보내는 경적
하루는 짧아도
먼 훗일이 있기에

오늘은
불투명한 아스팔트를 달리다가
우선 멈추기를 한다

아스팔트 위의 그림

형체가 쓰러진 자리에
곡선 몇 개 그려놓고
수없이 지나가는 차들
빗물은 하얀 울음에 젖어

하늘을 바다에 붙이고
꼼짝 않던 날
분명 많은 사람이
슬픈 척했다

밝은 아침 어느 한 집안에
먹장구름이 머물고

오늘도 많은 사람이
자욱낸 아스팔트 위를
스치고 지나가야만 한다

어머니의 소포

올해도
어머니의 가을은
아들을 찾는다

100볼트 전등이 불을 밝혀도
어두운 지난 날로 밤은 길어만 가고
하나하나의 접어온 정성이
듬직하게 묶여져 먼 길을 나선다

스치는 사람마다
따스함을 잃지 말라는 말씀과
대하는 사람마다 밝아야 한다는 모습 같은
어머니 소포를 오늘도 받아 본다

얼굴

오늘과 내일이 달라도
같은 모양이고 싶지만
나를 지켜본 세월이
주름살 하나를 긋고 간다

보이는 만큼이나
말하지도 못하고
쉬운 것이 듣는 쪽이건만
더러는 얼굴 모양 하나로
꾸짖음을 당한다
기쁨이야 미소 하나로
쉽게 새길 수 있어도
굳어진 모양 하나로
눈물을
눈물을
나오게 한다

이 가을

아침 안개 서린 거리에서
함께 젖어 보는
가로수

황색 손짓으로
변해가고

햇살 꽂히는 빈터에서
등 밀기를 하는
기인 그림자들

못다 쓴 연서는
한 장의 달력이 되고

철없는 약속 같은
빈 하늘에
구름 한 점

날이면 날마다
푸름에 젖고픈
이 가을

이사

한 줌의 흙도
시멘트 바닥도
너와 나의 그림자가 겹쳐지기라도 하듯
마음 따로 몸 따로 굴러다니고

서로를 다스리는 눈마저
어느새 스쳐갈지도 모를
봄을 기다려야 했다

작별은 만남을 전제로 할 수 있어도
그 흔적은 지워지지 않아
더욱 길어지려는 하루의 연속

어젯밤
구름이 스치고 간 하늘빛으로
몸과 마음을
포갠다

이른 새벽에

별들의 분산한 껌벅거림
아침은 저만치서
다가설 채비를 하고

누구의 선물이듯
잎새마다 조심스레 달고 있는
투명한 아침이슬

불빛 없는 우사의 밤
밤새 누굴 찾아 헤매임인지
드높아지는 소들의 고함

이제 떠돌기를 마친 채
기울기를 하는 초사흘 새벽달
잠 못 이룬 이웃들 창에
흔적을 거둬가며 뒷걸음치고

제비

바람이 머물다 간 추녀 끝에
흙으로 수없이 땜질한 보금자리

수륙만리 찾아온 보람이
집 한 채이긴 했어도
꽃바람 맴돌고 지상 천국인가 했는데
밤낮 파고드는 농약 냄새로
삶의 기둥이 뿌리채로 흔들린다

해마다 먼 길 번갈아 나서는 길
다시 오리라는 다짐도 따라나서건만
나 또한 떠난 길을 올 수 있을까

먹구름 천둥소리 물러간
저 높은 하늘
마음껏 누리지 못한 채
나 이제 떠나는 연습장이 되어간즉

먼 훗날 다시 돌아뵈는 날엔
서러움에 푸른빛 물들고 있겠네

잠들기 전에

해를 지운 마음 하나
구름에 묻힌 달이
그리움이라 해도
서럽게 이 밤만 깊어

말끝마다 꼬리를 달았던
그 말들이
강을 넘나들어도

수없이 번득이는
그림 때문에
밤만 혼자 깊어야 하는지

보고 또 보아도
그때 그 모습
눈만 빛나게 하고

내 품안에서 벗어난 자식
유별나게 그려지는 새벽
숱한 세월 헤아리며
그 많은 밤을 불러 본다

참깨로 이름 붙여

열기를 쏟아붓는 여름날
뚝뚝 떼어낸 모종으로
흙에 묻힌 삶으로
숱한 날들을
세어 보기

한 점 한 점 점을 찍듯이
매달리기 지샌 숱한 밤
더러는 이슬에 묻힌 늦잠
흔들어 대는 햇빛 때문에
화들짝 열리는 하루 하루

세상사가 언제나 그렇게 하듯
그리는 만큼이나 꽃이 되고
어느 날에는 열매로 태어나

난 분명히 참깨로 이름 붙여
어느 집엔들 마다 아니하고
쏟아지는 깨이고 싶어진다

해설

| 해설 |

회색지대에서 고향 찾기
— 신민철 시집 《행복 찍기》

노유섭 (시인)

1. 들어가며

신민철(본명 신상철) 시인. 1945년 해방되던 해 경주에서 태어난 그는 유청소년기를 그곳에서 보낸 후 군에 입대한다. 군에서 제대한 1970년에 뜻한 바 있어 상경을 한다. 배우를 꿈꾸며 배우전문학교에 다니기도 하고 카메라 만드는 회사에 취직하여 회사생활도 한다. 대중음악을 좋아하여 대중가요 가사를 작사하기도 한다. 또 시인의 꿈을 꾸며 1989년부터는 문화센터에 등록, 김규동, 오규원, 김경린 시인들로부터 지도를 받고 1991년에 등단을 하게 된다. 결혼 후 그는 회사생활을 비롯하여 다방, 요식업 등 다양한 직업 곧 자영업을 하며 자녀 2명을 키우고 아버지께서 남기신 빚을 갚고 동생들까지 뒷바라지

한다.

꾸준히 시작업을 했으나 시집을 내지 못하다가 2014년 칠순을 기념하여 비로소 첫 시집 《그림자가 있는 호수에》를 발간한다. 칠순 기념을 겸한 출판기념회를 한 후 이듬 해 그는 오랫동안 꿈꾸고 결심해 왔던 귀향을 단행한다. 그동안 살아온 신산한 삶에서 얻은 몇 가지 지병도 치료할 겸 고향에 내려가 농사를 지으며 좋은 공기 속에서 지친 몸과 마음을 치유하리라 했을 것이다.

이제 고향에 내려간 지 10년이 되었다. 이는 곧 칠순이 팔순이 되었다는 이야기다. 그는 인생의 큰 줄기를 돌아보며 그의 이력을 시로 풀어내고 이야기하고자 한다. 하여 칠순 때의 첫 시집이 마지막 시집이라 생각했으나 팔순까지 살아왔으니 이를 감사하며 기념하지 않을 수 없어 두 번째 시집을 엮게 되었다.

150여 편의 원고 속에서 가려 뽑은 본 시집의 시편을 개관하자면 상경 후 귀향하기 전까지 서울에서의 삶의 내력과 감회, 귀농 후 농촌생활에서 얻은 기쁨과 한계, 그 어려움, 여행시, 기타 사계절의 풍광 속 삶의 애환과 고독한 존재자로서의 자아상을 다룬 서정과 서사로 나누어 생각해 볼 수 있겠다.

이 땅에서의 인생살이는 기쁜 일도 있지만 슬프고 괴로운 일도 많다. 말하자면 희로애락의 삶이고 생로병사의 삶에 다름 아니다. 우리는 끝없이 영원한 고향을 찾아 헤매나 이 땅 어디에도 영원한 안식처 곧 몸과 마음이 편히 쉴 안식처는 존재하지 않는다. 신 시인의 시에서는 이를 직설적으로 드러내고 있지는 않으나 편편의 시는 바로 그러한 양태를, 이 땅 회색지대에서 자신의 있는 그대로의 모습을 작품 속에 투영하고 있음을 보게 된다.

2. 신민철 시의 특성

전반적으로 신민철 시인이 가진 특징적인 면 몇 가지를 감성, 문체, 외연과 내포, 진정성의 관점에서 살펴보기로 한다.

(1) 절제된 감성

시는 감성의 산물이다. 감성은 이성과 대응되는 개념으로 외계의 대상을 오관으로 감각하고 지각하여 표상을 형성하는 인간의 인지능력이라 하겠는데 시가 가지는 감성의 기능은 시가 지니는 1차적인 그리고 기본적인 요소라 할 것이다. 그러나 그것이 피상적이고 외면적으로 표출되는 부르짖음이나 울음이 되어 감정의 과잉이 될 때 오히려 그 감성은 죽어버리고 시는 시로서의 매력을 상실하게 된다. 이는 시작詩作의 기본이라고도 할 수 있지만 신민철 시에서는 전반적으로 자신의 감정을 노출시키지 않고 내면에 혹은 시의 재료 자체에 숨겨 놓는 특질을 보게 된다.

형체가 쓰러진 자리에
곡선 몇 개 그려놓고
수없이 지나가는 차들
빗물은 하얀 울음에 젖어

하늘을 바다에 붙이고
끔짝 않던 날
분명 많은 사람이
슬픈 척했다
밝은 아침 어느 한 집안에
먹장구름이 머물고
오늘도 많은 사람들이
자욱낸 아스팔트 위를
스치고 지나가야만 한다

— 〈아스팔트 위의 그림〉 전문

'형체가 쓰러진 자리'는 누군가 차에 치여 죽은 자리에 사고 표시를 해놓은 자리다. 거기에 비가 오는데 차들은 무심히 지난다. 그 사고를 알았던 사람들도 많았지만 단지 슬픈 척할 뿐 어느 한 집안의 애곡소리를 듣지 못하고 으레 그러려니 무심히 도로 위를 지나가기만 하는, 아니 그리 해야 하는 현대인의 삶의 양상을 자신의 감정을 드러내지 않고 서술함으로써 독자들에게 깨달음과 울림을 주고 있다. 사고를 당한 가족과 타자의 대비가 비극성을 강화하고 있다.

(2) 건조한 문체

신 시인의 시어는 대체로 건조하고 투박하다. 색깔로 치면 약간 어두운 회색이다. 화려하지 않고 단순하며 미사여구가 없다. 일부러 꾸미려고도 하지 않는다. 그렇다고 강력한 저항이나 비판의 톤도 없고 있는 그대로 스케치를 하듯 단순 소박

하기만 하다.

관악산 높은 정기
담아 내리기라도 하듯
작은 돌멩이도 비껴서는 물굽이
봄의 호기심 어린 미소가 스며들고

여름 내내 거듭하는 불볕과
맞서기로 하는 그늘막이
도회 소음도 막아내며
온종일 펴는 산책길

하나 둘 숫자를 더하는 붉은 잎
하늘 한 자락 드리우면
지난 이야기 주워담듯
체념 어린 가을 냇물

하얀 겨울 오기까진
여유롭지 못한 오리 모임
마치 역모하듯 들락거림마저
도림천 굽이굽이 모두를 실어 나른다

— 〈도림천에 오는 사계절〉 전문

도림천은 관악구의 관악산에서 발원하여 구로구의 지하철 2호선 도림천역 부근에서 안양천으로 합류하는 지방하천으로 관악구와 구로구 주민들이 휴식공간으로 이용하는 하천이다. 2020년 10월 관악구에서는 이 하천에 '별빛내린천'이라는 별명을 붙이고 경관을 개선하는 사업을 시작하였다. 시인은 서울살이의 대부분을 이곳 도림천변 봉천동 단독 주택에 살면서 도림천변을 수시로 거닐면서 상념에 잠겼을 것이다.

이 시는 그러한 도림천의 사계를 그리고 있다. '봄의 호기심', 여름의 '그늘막'과 '산책길', 가을의 '체념 어린 냇가', 겨울의 '여유롭지 못한 오리모임'과 같은 풍광을 다른 미적 장치 없이 마른 언어로 보여줌으로써 그곳 주변에 사는 소시민들의 애환 속 자신의 삶을 간접적으로 그리고 있다. '체념'이라든가 '여유롭지 못한' 모임이라든가 '역모'라는 단어가 자신과 그곳 주민들의 고달픈 삶을 암시하고 있다.

단, 다른 여러 시편에서도 발견되는 문장의 부자연스러운 연결은 유념해야 할 듯하다. 문장이 관형어나 부사어와 같은 수식어로 연결되어 자연스럽게 '~다'와 같은 종결어미로 끝나지 않고 문장 중간중간을 '~(으)ㅁ'이나 '~기'와 같은 명사형으로 연결시키는 것은 축약의 의미는 있을지 모르나 독자들을 불편하게 하고 운율상 거친 느낌을 주기에 그러하다.

(3) 외연과 내포

외연이나 내포란 개념은 문학언어의 입체성 내지는 복합성으로 철학에서 빌려온 용어인데 외연적 의미란 사전에 정의된 그대로의 일반적 의미를 지칭하며 내포적 의미란 사전적 의미와는 달리 어떤 말에 덧붙여진 감정적 연상들을 말한다. 시에 있어서는 사전적 외연보다는 내포가 중요하다고 하겠는데 내포가 정서적 암시나 연상, 함축 그리고 애매성을 반영하여 시의 사고 영역을 넓혀주기 때문이다. 그렇다고 내포 곧 상징성이나 추상성만 강조하여 그 정도가 리커트(Likert)의 5스케일(scale) 중 5에 이른다면 독자들은 무슨 말인지 알아듣지 못하고 공감에 이르지 못할 것이다. 따라서 이의 적절한 균형감각이 중요하다고 보겠는데 신 시인은 이를 알고 이의 균형을 찾으려 노력하고 있는 것을 보게 된다.

기인 밤을 혼자 버티더니
새벽을 불러들였다
못다 지우고 간 어둠을
구석으로 몰아붙이고

갓 깨어난 아침을 두들기고 각 가족을
눈으로 하나하나 보내놓고
온종일 귀로 기다리는데
저 혼자만 네모난 베짱이다

하지만
작은 문을 크게 열고 오는 행복이 가득할 때까지
수많은 날을 밀고 당겨야 하는 너에게
오늘도 하루를 맡겨야 한다

— 〈현관문〉 전문

이 시는 '현관문'이라는 우리가 매일 아침, 저녁 그리고 수시로 여닫는 현관에 달린 문을 소재로 하고 있다. 현관문의 사전적 의미는 현관에 달린, 건물의 출입문이나 건물에 붙이어 달아낸 사람들이 드나드는 문이다. 즉 '드나든다'는 의미가 크다고 하겠다. 하지만 이 시에서 현관문이 하는 역할은 좀 다르다. '기인 밤을' 지켜주는 역할을 하고 새벽을 불러 어둠을 몰아낸다. 각 가족을 깨워 직장이나 학교로 향하게 하고 다시 기다리지만 자신은 네모난 베짱이로 놀고 있다. 저녁이 되면 그 작은 문을 열고 행복이 들어오기를, 기쁨으로 가족을 맞이하기를 고대하는 존재다. 현관문을 통한 상상, 의인화, 객관적 상관을 담아 외연이 가지는 한계를 극복하고 내포와의 균형을 기하고 있음을 보게 된다.

(4) 진정성

진정성이란 진실한 마음을 의미하는 말로 예술작품에서 감정의 진실성 등을 의미하는 말로 읽힌다. 문학에서 특히 시의 말은 그 한마디 한마디가 감정의 크고 작은 굴곡과 일치하는 것으로 여겨질 때 특별한 효과를 거둔다는 것이 진정성의 의식체계이다. 이는 리더십의 필수덕목으로 자주 거론되지만 문제는 그것이 자신이 아닌 다른 사람들에 의해 평가된다는 특성을 가진다는 것이다. 신 시인은 실제 인간관계에 있어서나 시에 있어서나 동일한 진정성의 특질을 가지고 있음을 본다, 거짓이 없고 있는 그대로, 나중에 배신감으로 손해를 볼지라도 남을 탓하거나 욕심을 부리지 않는 성정을 지니고 있다. 시에서도 마찬가지로 꾸밈이 없고 특별한 미적 기제를 사용하지 않는다. 낯설게 하기나 비틀기 등 전경화前景化 작업도 거의 보이지 않는다. 자연에 순응하듯 있는 그대로 자신의 모습을 물상에 투영하여 표상화할 뿐이다.

거듭될수록 쌓이는 무 형체
어느 날엔 휑 떠날 것만 같건만
목마름으로 타는 날엔 꿈길로 기어이 찾아오니
비록 낙엽 지는 단풍인들 더욱 붉게 타고

붙들고 싶은 날들이 많은 듯
놓치고 싶지 않은 순간 또한 많기도 한데
모든 이들이 자꾸만 지향 없는 앞길로만 내달으니
내 미력이나마 행복한 장면을 찍어 다듬어 드리고 싶다

휘장을 열면 드러나는 이른 아침의 동 양 화
해질녘 그려내는 서산 등고선에 점철되는 하루
TV 드라마가 한 가족의 밤을 들썩이고
그림자를 밟고 끼웃거리고 있는 가로등

도회지에 그리다 만 삼색 깃발 빛바래진다 해도
아직도 자연이 넘실대고 삶의 향이 숨 쉬는 곳
손가락 꾹꾹 눌러 담으리라 행복이란 이름으로
오늘도 단비가 내리고 서설이 자리를 펴는 고을

한 해를 긋는 선이 낙서로 얼굴에 그려져도
한창 시절 불러내듯 카메라가 불을 밝히어

남의 기쁨 나의 기쁨이듯 켜켜이 입힌 사진
모든 이들에게 드리리라 행복이란 이름으로
— 〈행복 찍기〉 전문

이 시는 표제시로 그가 타인을 바라보면서 자신을 내면화하는 외형적 특성과 의식의 단면을 보여주는 시이다. 그는 청년 시절 카메라 회사에 취직하여 일한 바 있기도 하지만 단체모임이나 개인적으로 지인을 만날 때에도 자신이 아닌 다른 사람들의 사진을 찍어주기를 좋아하며 이를 큰 기쁨으로 생각한다. 요즘엔 셀카로 같이 찍기도 하지만 이 시의 지배소인 카메라로 찍을 때에는 자신의 모습은 담기지 않는다. 언제나 타자, 타 단체의 모습만 담길 뿐, 자신은 거기에서 제외된다. 자신이 제외되는 그 모습을 그는 왜 그리 즐겨 찍어주고자 할까. 이는 타인의 웃는 모습, 즐거운 모습의 즉자(卽自)를 자신의 것으로 끌어들여 자신의 행복으로 승화시켜 대자(對自)화 시키려는 예술화의 과정과 유사하다 할 것이다. 이는 세계의 타자들과의 공존을 통해 조화를 이루고자 하는 존재론적 위상을 환기시킨다. 그는 이러한 흔적을 자신의 흔적과 기억으로 저장하여 소중한 인생의 보물로 보관코자 한다. 사진 찍을 때의 '웃는 얼굴'과 '사랑한다'는 손짓이 그의 인생의 행복으로 저장되고 추억으로 남기를 소망한다. '남의 기쁨'을 '나의 기쁨'으로 '켜켜이 입'혀 남의 행복을 자신의 행복으로 치환코자 한다.

3. 서울의 하늘 아래

사람들은 왜 자신이 태어난 고향을 등지고 서울을 동경하며 서울로 몰려드는 것일까. 이는 거기에 꿈과 희망 그리고 비전과 도전, 직업이 있기 때문일 것이다. 무엇보다 자녀 교육이나 경제적 이유가 클 것이다. 군대생활을 마치고 상경한 신 시인의 경우도 이와 별반 다르지 않을 것이다. 그는 그의 나이 25세부터 칠순까지 인생의 절반 이상, 44년의 황금기 세월을 서울에서 살았다. 그 역시 서울에서 자신이 품은 뜻을 있는 힘을 다해 펼쳤다. 결혼을 하고 직장을 다니고 시인이 되었고, 자녀를 낳아 키우고 사업을 하며 최선의 삶을 살았다.

이번 시집에서도 서울에서의 삶을 다룬 시편이 여럿 발견된다. 이는 서울에서 쓴 시일 수도 있고 귀향하여 회억하며 쓴 시일 수도 있겠다.

> 자리다툼을 하는 한강변에
> 수를 놓는
> 연인들의 밀어
>
> 남산꼭대기서
> 흘러내리는 바람
> 골목 샅샅이 떠돌기를 하고
> 소음으로 알록지는 불야성의 거리
>
> 빗소리로 지새우는
> 서울의 밤
> 광화문을 딛고 선 달조차

방향을 몰라라 하고

하늘공원 억새
하얀 손짓을 날리니
한 계절이 오고 가는 듯
불꼬리로 이어진 강변로
어딘가 끝 모르게 향하고

누군가 기다리다 만
그림의 여백처럼
텅 빈 가슴 한 구석을
별빛 달빛으로
채우고 싶은
밤과 밤

— 〈서울의 밤〉 전문

이 시는 귀농 직전에 그간 겪어온 서울살이에 대한 그리움과 고뇌를 적은 시로 보인다.

'한강변', '연인들의 밀어'가 그립다. 서울의 상징이기도 한 '남산 꼭대기'에서 불어오는 바람은 '골목 샅샅이' 떠돌아다닌다. 그러한 '불야성의 거리'는 '소음으로' 늘 시끄럽다. 밤에도 서울의 빛 곧 그 꿈은 살아 있지만 소음과 함께 '광화문' 위 달도 갈 바를 알지 못하는 모습에서 어디로 가야 옳은지 고민하고 방황하는 시인의 고뇌를 본다. 그러한 서울에서의 삶은 누군가를, 무언가를 끝없이 꿈꾸며 희망을 가지고 기다렸지만

《고도를 기다리며》와 같이 끝내 기다림으로 끝나버린 '그림의 여백'과도 같은 삶이다. 하지만 그 텅 빈 가슴 한구석을 서울에서는 보기 힘든 '별빛 달빛으로' 채우고 싶어 한다. 많은 것을 꿈꾸고 또 이루기도 하였지만 마냥 허전하고 고독한 시인의 심사를 읽는다.

숱한 나날을
굵직한 침묵 머금고
기다린 지 이미 석 달 하고 열흘
봄몰이하던 동장군 어느 날에 비껴설까
누더기로 남아있는 하얀 눈은 눈물만 찔끔이는데

화사한 차림으로 오시려나 봄 아씨
움츠렸던 가지 끝에 움 언저리가
삭풍 회초리에 아파할지라도
의연히 지킴하는 고목

여울목 돌다리 띄엄띄엄
뒷모습 남긴 채로 떠난 임의 모습
아직도 끝 간 데 없는데

정녕 사철마다 다른 색깔로 오시렵니까
산천이 옷을 갈아 입는데두
내사 굵은 몸뚱이 하나로 기다릴래요

— 〈봄 아씨〉 전문

화자는 '숱한 나날'들 곧 동장군 하의 삶의 고난과 병마 속 그 긴 겨울에 '눈물을 찔끔이'며 '화사한 차림'으로 오실 '봄 아씨'를 기다리고 기다린다. '뒷모습 남긴 채', '임의 모습'은 떠나버려 보이지 않아도 화자는 그 봄날 그리고 그 봄날의 아씨를 굳은 마음 곧 '굵은 몸뚱이' 하나로 버티며 기다리리라는 삶의 희망과 의지를 다지고 다짐한다. 기쁨과 슬픔, 온갖 사연 많은 서울에서의 삶은 더러는 황금빛이었다가 초록빛이었다가 빛이 들지 않는 〈지하도〉 같기도 한 삶의 연속이다. 숱한 인연 속에 살아온, 자신의 삶이 그대로 녹아있는 서울은 타향이 아니고 제2의 고향이라 이름할 것이다.

4. 무위자연 그리고 고향

하이데거(Heidegger, Martin)는 "인간은 단순히 세계 속에 던져져 있을 뿐만이 아니라, 자아에 앞서 이미 세계에 존재해 있다"고 말한다. 이러한 현존재의 실존에는 이미 세계의 실존이 전제한다. 현존재가 존재하는 한에서는, 다시 말해 실존적인 한에서만 세계가 존재한다. '세계—내—존재'에서 '안에 있다'는 것은 단순히 공간적 '안—존재'의 상태가 아니라, 인간의 경우 '관계로서의 있음'을 말한다. 현존재인 인간은 자기 존재를 문제 삼으면서 자기가 어떻게 살아야 할지를 고민하는 존재이다. 인간은 자신이 세계에 아무런 이유도 없이 내던져져서 죽음으로 향하는 존재임을 인식한다.

하이데거에 따르면 존재는 초월이다. 존재자이면서 존재자의 신분을 벗어나 존재 자체를 묻는다는 뜻에서의 초월이다. 따라서 초월은 주관과 객관, 인간과 자연이 분리되기 이전 존재 자체의 존재방식이다.

또한 하이데거는 존재를 무(無)라고 표현한다. 그는 "존재자 일반이 미끄러져 달아나면서 우리는 불안 속에 떠 있다"라고 말한다. 이 불안이 무를 드러낸다. 일상생활에서 잊고 지낸다 해도 무는 존재한다. 존재자들의 존재를 가능하게 하는 다자인의 근거 속에 '무'는 드러난다. 인간존재, 다자인으로서 우리는 숙명적으로 존재와 존재자를 물을 수밖에 없지만 불행히도 그 근원에는 오직 물음의 형식만 가능하고 답은 없는 '무'가 놓여 있다.

성경에서도 "솔로몬의 모든 영광으로도 입은 것이 이 꽃 하나만 같지 못하였느니라(마태복음 6;29)", "전도자가 이르되 헛되고 헛되며 모든 것이 헛되도다 해 아래에서 수고하는 모든 수고가 사람에게 무엇이 유익한가(전도서 1:2-3)"라며 참 진리는 하늘 위에 있음을 강조한다.

신민철 시인의 경우 이러한 존재에 대한 의문과 관계망, 허무의식, 이를 극복하고자 하는 초월의식은 어디에서 찾을 수 있을까. 그는 회색지대의 이 땅에서 그동안 형성한 지인들과의 관계망을 통해 존재성과 그리움을 찾고 여행을 통해 자신의 존재를 새롭게 하고자 한다. 또한 어떠한 종교를 통한 초월의식을 도모하지 않고 그의 귀향에서 보듯 노장사상에 의한 자연으로의 귀의를 통해 자신을 달래며 현존재의 허무의식을 극복하고자 하는 것을 엿볼 수 있다.

심리학적인 측면에서 보았을 때 '어머니와 고향 찾기'라는 원형의식도 초월이라는 측면에서 함께 논의될 수 있겠다.

(1) 무위자연과 여행

무위자연은 '하지 않으면서 스스로 그러하다'라는 뜻으로, 노자의 도가사상에서 유래되었다. 이는 자연의 법칙과 조화를 이루면서 살아가는 방식을 강조하며, 인간의 간섭 없이 모든 것이 자연스럽게 이루어지게 하는 생각을 담고 있다. 장자는 노자와 함께 도가사상을 발전시킨 대표적 인물로 노자와 마찬가지로 도를 천지만물의 근본원리라고 여기고, 도는 어떤 목적을 욕구하거나 사유하지 않는 무위(無爲)를 의미하고, 또한 도는 스스로 자기존재를 발전시키며 저절로 발생하므로 자연스럽다 보았다.

신 시인의 귀향을 통한 자연에의 귀의에서 이러한 무위자연을 통한 초월의식을 엿볼 수 있고 또한 태어난 고향이 아닌 타지로의 여행시 다수에서 스스로 존재의식을 각성하고 마음의 힐링을 도모하는 것을 읽을 수 있겠다.

밤이 이슥하도록 덧칠을 한
어둠은 이미 사라진 채
누군가 살라 먹다 남긴 솜털 안개

작은 생명체들로부터 시작되는
바쁜 몸 놀림에 쉬이 열리는 아침
농로를 흔드는 트랙터 우렁찬 소리 여백을 남기고

머릿결 날리던 풀잎마저 자세를 가다듬으면
파란 하늘이 총총이 내려오기도 하여
활기찬 나래짓으로 열리는 오늘 하루

더도 덜도 넘침이 없는 푸름 때문에
오래 오래 지켜 서는 내가 된다

— 〈들녘에 서면〉 전문

이른 아침 들녘에 서면 어둠은 이미 사라졌다. '작은 생명체'들의 아침이 열린다. '파란 하늘'이 내려와 활기찬 하루를 연다. '넘침이 없는 푸름'이 고향 땅에 다가오는 풍요로운 마음을 그리고 있다. 화자는 무위자연 속에서 찾는 마음의 평화와 삶의 균형이 오래 지속되기를 바란다.

하늘에 구름밭 일구고
서투른 솜씨로 씨를 뿌리듯이
뚝뚝 물방울을 세다가 쏟아버리는 심사

가을은 이미 황금빛 자리를 펴고
풍년가 부를 채비를 하고 있는데
난데없는 빗길에 젖은 손님 안 올까 봐

조바심만 길어지는 나날
키재기 끝낸 식물도 열매를 달고 머리 숙이는데
아무런 까닭도 없는 비바람만 거세어지누나

아직도 한 해 결실의 마무리가 남아 있는데
시도 때도 모르는 장마 너 때문에
올 한 해 풍년농사 소식마저 오락가락

하늘에다 거는 농심의 간절함을 아시는지
— 〈가을 장마〉 전문

무위자연無爲自然과 무위도식無爲徒食은 다르다. 무위자연은 하지 않음으로 자연 속으로 녹아들어라는 말이며 무위도식은 하지 않으며 얹혀서 얻어먹는 것이다. 무위자연은 모든 것을 초월하는 것이지만 무위도식은 병든 인간의 역사 속에 휩쓸려 이것저것을 탐하는 것이다.

이 시는 막상 접하게 된 농사의 현실은 녹록지 않다는 것을 보여준다. '가을은 이미 황금빛 자리를 펴고 풍년가 부를 채비를 하고 있는데 난데없는 빗길에' 농심은 타들어 간다. '한 해 결실의 마무리'인 열매를 거두어야 하는데 무심하게 내리는 가을 장마를 직시하며 농민들 삶의 안타까운 현실을 이야기하고 있다.

구름밭에 돋아나는
새해의 붉게 타는 얼굴

여명을 따라
굽실거리는 바닷물

청룡의 기상이
기지개를 켠다

유별난
서해 석모도의 해맞이
버스가 배를 타고
거센 파고를 헤친다

농악의 장단에
한 해의 꿈이 울려 퍼지면
나래를 펴는 소망

한 해를 떨어버린
빈 가지에 돋아나는
꿈을 키워 줄
장대한
청룡의 기상이여

— 〈석모도 새해 일출〉 전문

강화군에 딸린 석모도에 가서 새해 일출을 보며 쓴 시이다. 새해 '해맞이'는 '청룡의 기상'이요 '한 해의 꿈이 울려퍼지'는 소망이다. 그는 이러한 여행을 통해서 새 꿈을 다지고 고달픈 현존재의 허무와 한계성을 극복하고자 한다. 여행이 갖는 의미가 이러한 데 있기에 우리는 늘 여행을 꿈꾸는 것이 아닌가.

위에 언급한 시 외에도 〈돌고 돌아 부여길〉, 〈등 뜨는 거제〉, 〈솔향 강릉에서〉, 〈인천항을 둘러보며〉 등의 여행시에서 그는 자신의 정체성 회복과 일상을 초월한 자유를 노래한다. 여행지에 담긴 역사의식을 통해 나라사랑을 다짐한다.

(2) 고향 찾기

앞서 언급한 신 시인의 무위자연을 통한 초월의식은 심리학적인 관점에서 보면 칼 융(C.G. Jung)이 이야기하는 원형 곧 아르케(archetype)로서의 고향의식과 그 뿌리인 어머니 곧 모성의식과 맞닿아 있다 할 것이다. 이는 이 땅에서의 허무를 극복하게 하고 달래주는 초월자로서의 역할을 하는 존재이기도 한 까닭이다. 하나 이 또한 이 땅 위에서 도모하는 것이기에 그 한계는 명확하다.

가다 보면 시선이 뚝뚝 떨어져 머물게 하는 길
동면에서 막 깨어난 미생물들의 어수선한 동작
가녀린 손을 내미는 새싹과 더불어
어느 뒤안길에서 온 바람이 살랑대기를 하고

쏟아 놓은 깨처럼 자리를 확보한 개미
노란 미소를 날리고 있는 민들레
어느결에 봄은 이미 와 있건만
인적조차 없는 들녘에는
바람 소리 웅웅하다

격양가 들려오던 고을 으스름 지고
별빛도 떨게 하는 가로등 사이로
미끄러지듯 오가는 승용차 안은 모두 낯설기

이슬이 부슬대는 날은 구슬을 다는 거미줄
어느 빈 농가의 정적은 깊어만 가고
아직도 구부러진 허리를 못 펴는 논두렁길

이름 모를 야생화 계절을 따라 색깔을 달리하고
잡초들과 날이면 날마다 어울림을 하고 있다
— 〈논두렁길 따라〉 전문

그가 그리도 그리워하며 귀향하여 다시 찾은 고향 논두렁길의 모습이다. 하지만 그러한 고향도 온전히 기대고 살 만한 완전체는 아니란 것을 이 시는 보여주고 있다. 들녘은 인적조차 없다. 흥겹던 '격양가' 소리도 사라지고 낯설은 승용차만 주위를 오간다. 그리 구부러진 농심은 '허리를 못'편다. 잡초들과 날마다 씨름할 뿐이다. '아직도 남은 여백/고운 그림 그리기 위해/추슬러 보는 고향 〈고향에서〉중'은 '빈 농가'의 깊은 '정적'과 맞닥뜨리는 현실이다.

작년 이맘때처럼 씨앗을 뿌린다
봉긋봉긋 흙을 밀치고 세상에 눈을 뜨는
새싹들의 앙증스런 자태를 그리며
고운 흙으로 덮어준다
(중략)
달랑거리는 전등이 불 밝히면
이내 사라지는 낯익은 그림자와 그림자들
씨앗들도 그렇게 지난 일을 잠재우며
숱한 밤을 보낼 수 있을까
(중략)

몇 사흘을 보내고서야 겨우 움트는 씨앗
이제 지상으로 얼굴 내밀 일만 남았건만
오늘도 어디에 계시온지 그리운 임이시여
— 〈씨앗을 뿌리며〉 에서

하지만 그러한 과거와는 사뭇 다른 농촌 현실 속에서도 그는 씨앗을 통한 생명과 '그리운 임'의 모습을 새롭게 꿈꾸며 희망을 노래하고 있다.

올해도
어머니의 가을은
아들을 찾는다

100볼트 전등이 불을 밝혀도
어두운 지난 날로 밤은 길어만 가고
하나하나의 접어온 정성이
듬직하게 묶여져 먼 길을 나선다

스치는 사람마다
따스함을 잃지 말라는 말씀과
대하는 사람마다 밝아야 한다는 모습 같은
어머니 소포를 오늘도 받아본다
— 〈어머니의 소포〉 전문

다시 찾은 고향에서 그는 어머니를 회상한다. 가을이면 더

생각이 난다. 예전의 알전구로 '불을 밝혀도', '어두운 지난 날로 밤은 길어만' 간다. 하지만 하나하나 접어준 어머니의 정성이 있어 먼 길을 나설 수 있었다. 따스함을 잃지 말고 늘 밝은 모습으로 사람을 대하라는 말씀이 지금도 소포처럼 배달되어 온다.

5. 나가며

이 시집은 저자의 팔순을 기념하여 펴낸 것이기에 작품론과 더불어 시인론을 곁들였다. 작품과 시인의 삶과는 그만큼 밀접한 연관성을 가진 까닭이다. 이 시집은 귀향 이후 서울살이를 회억하며 그 그리움과 고뇌를 노래한 시들을 비롯하여 주로 귀향 이후 그곳 고향에서 새로이 영위하게 되는 삶의 과정 속에서 쓰여진 것이기에 그 시편들에 시인의 삶의 모습을 추론하여 시의 배경 과 시인의 심적 요소, 시인의 존재의미와 원형의식을 파악해 보고자 하였다.

신민철 시인의 시편에서 발견되는 전반적 특성은 절제된 감성, 꾸미지 않은 건조한 문체, 외연과 내포의 균형 그리고 삶에 대한 진정성이라 하겠다.

존재론적 입장에서 현존재와 세계—내—존재 속에서 살아가는 모습을 볼 때 그는 표제작 〈사진 찍기〉에서 보듯 회색지대인 이 땅에서 타인의 기쁜 순간을 포착하여 상대방을 축하하고 기념해 주는 사진 찍는 행위를 통해 인간과의 관계망을 형성하고 자신의 기쁨 또한 확보한다. 귀향 후에는 현지 농촌부락 주민들과의 교류를 통해 그의 관계욕구(relatedness needs)를 확보코자 한다. 다른 사람의 행복을 도와주는 조력자 역할을 하며, 자연 속에서 노동을 하면서 스스로도 몸과 마음이 치유받고 회복되기를 바란다.

인간의 본질적인 허무의식을 극복하기 위한 초월의 의미로 그가 택한 길은 종교에 의한 절대자에의 귀의나 믿음을 통한 자기 초월이 아닌 노장사상에 입각한 자연에의 귀의, 여행을 통한 힐링과 각성이라고 하겠다. 심리학적인 관점에서 보면 이는 곧 그의 귀향이 말해주는 바 고향 찾기, 모성 찾기와 맞닿아 있다 할 것이다.

온전한 기쁨으로 살아갈 수 없는 이 땅에서 시인이 찾은 고향과 모성애는 최대의 도피성이자 안식처라 할 것이나 그의 농촌에서의 삶은 순수한 전원생활과는 다른 것으로 그것이 결코 녹록지 않은 현실이라는 것 또한 보여준다.

계간문예시인선 201

신민철 시집 _ 행복 찍기

초판 인쇄 2024년 5월 20일
초판 발행 2024년 5월 25일

지 은 이 신민철
회 장 서정환
발 행 인 정종명
편집주간 차윤옥

펴 낸 곳 도서출판 계간문예
주 소 03132 서울 종로구 삼일대로 30길 21 종로오피스텔 1209호
전 화 (02) 3675-5633 팩스 (02) 766-4052
이 메 일 munin5633@naver.com
홈페이지 http://cafe.daum.net/quarterly2015
등 록 2005년 3월 9일 제300-2005-34호
연 락 처 03132 서울 종로구 삼일대로 32길 36 운현신화타워 305호
인 쇄 54991 전북 전주시 완산구 공북1길 16, 신아출판사
ISBN
ISBN 978-89-6554-118-9 (세트)

값 12,000원